Descubrimiento del espacio profundo

La búsqueda de nuevos planetas

GAIL TERP

BLACK RABBIT BOOKS

Bolt es una publicación de Black Rabbit Books
Apartado Box 227, Mankato, Minnesota, 56002.
www.blackrabbitbooks.com

Marysa Storm, editora; Grant Gould, diseñador;
Omay Ayres, investigación fotográfica

Información del catálogo de publicaciones de la biblioteca del congreso
ISBN 978-1-68072-973-3

Créditos de Imágenes

Alamy: Dimitar Todorov, 22; JPL-CALTECH/NASA/SPL, 10; Mark Garlick, 17 (inferior); National Geographic Creative, 28 (inferior); Panther Media GmbH, Cover (astronauta); Science Photo Library, 19; jwst.nasa.gov: JWST/NASA, 16–17, 27 (James Webb Telescopios); nasa.gov: NASA, 13, 14, 16 (inferior); NASA/JPL-Caltech, 12; NASA Ames/SETI Institute/JPL-Caltech, 4–5, 17 (superior); pitzer.caltech.edu, JPL/NASA, 16 (superior); Shutterstock: Azuzl, 27 (tierra); clearviewstock, 25; cigdem, 6–7; Dotted Yeti, 9; Filipe Frazao, 20 (tierra); foxaon1987, 3, 32; Harvepino, 20–21 (fondo); Johan Swanepoel, 20 (núcleo); Marc Ward, 21; Natykach Nataliia, 31; Neo Edmund, 1; Vadim Sadovski, Cubierta (fondo), 28 (completa pg); Yuriy Mazur, 26–27 (estrellado fondo); wfirst.gsfc.nasa.gov: NASA, 26–27 (Telescopios de Rastreos)

Se ha hecho todo esfuerzo posible para establecer contacto con los titulares de los derechos de autor del material reproducido en este libro. Cualquier omisión será rectificada en impresiones posteriores previo

CONTENIDO

CAPÍTULO 1

El sistema solar y MÁS ALLÁ

En 2014, **los astrónomos** hicieron un asombroso descubrimiento. Descubrieron Kepler-186f, un nuevo planeta. El planeta tiene el tamaño de la Tierra. También está en la zona habitable de su estrella. Estar en esta zona significa que podría tener agua líquida. El planeta también podría ser rocoso. Y si un planeta rocoso tiene agua, ¡podría tener vida!

Los Tres reglas para los planetas

Los cuerpos en el espacio deben seguir tres reglas para ser llamados planetas.

REGLA UNO

Debe orbitar alrededor de una estrella.

REGLA DOS

Debe ser mayormente redondo.

REGLA TRES

Su camino debe estar libre de objetos más pequeños.

Planetas

Los planetas son enormes cuerpos que orbitan las estrellas. La **gravedad** de las estrellas mantiene a los planetas en sus órbitas.

La Tierra y otros siete planetas orbitan alrededor del Sol. Ellos forman el sistema solar de la Tierra.

Más allá del sistema solar de la Tierra

El sistema solar de la Tierra no es el único sistema solar en el espacio. Otros planetas, como Kepler-186f, también orbitan alrededor de las estrellas. Los científicos llaman planetas a los exoplanetas fuera del sistema solar de la Tierra. Actualmente, los científicos estudian los exoplanetas. Trabajan para descubrir otros nuevos.

idea del artista de cómo podría verse un exoplaneta

CAPÍTULO 2

Descubrimiento EXOPLANETAS

En 1992, los científicos descubrieron los dos primeros exoplanetas. Orbitaban un pulsar. Un pulsar es una estrella muerta. En 1995, los astrónomos encontraron el primer exoplaneta en órbita alrededor de una estrella similar al Sol. Desde entonces, los científicos han confirmado más de 3,400 exoplanetas.

Telescopios

Los científicos usan telescopios para encontrar nuevos planetas. Sin embargo, no todos los telescopios están colocados sobre el suelo. Algunos son enviados al espacio. Los telescopios en el espacio pueden ver mucho más lejos. En 1990, la NASA envió el telescopio espacial Hubble al espacio. Otros telescopios pronto siguieron. Han ayudado a descubrir cientos de exoplanetas.

Telescopios espaciales usados para estudiar los exoplanetas

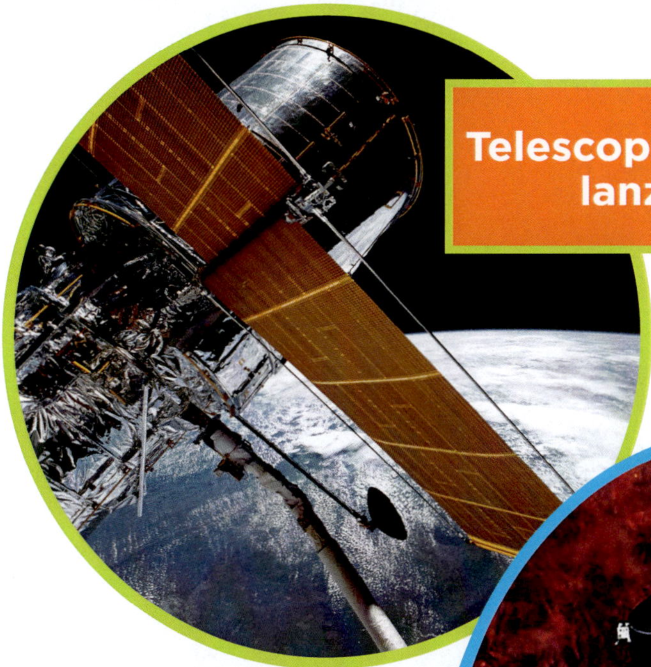

Telescopio espacial Hubble lanzado en 1990

Telescopio espacial Spitzer Lanzado en 2003

Telescopio Kepler lanzado en 2009

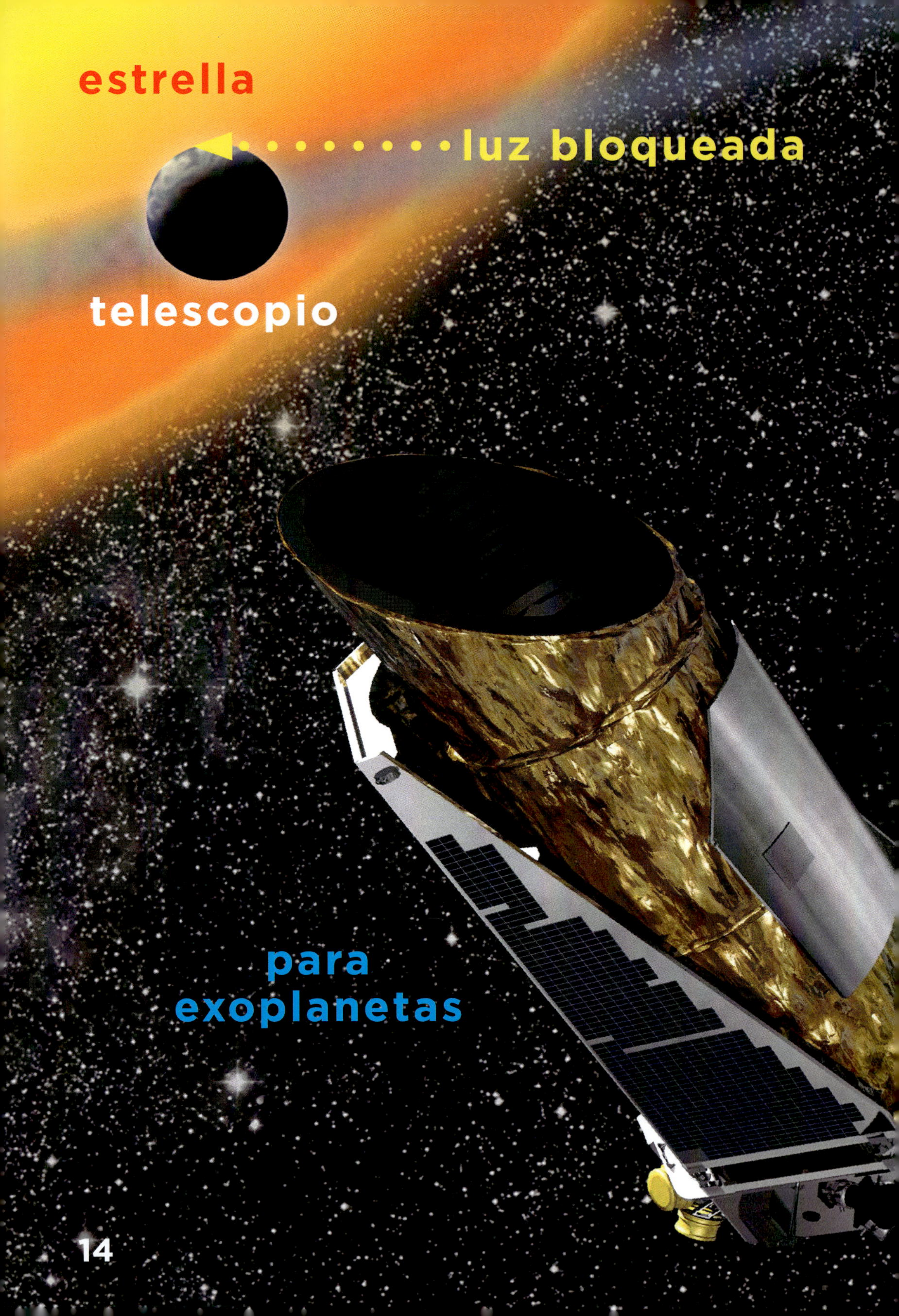

telescopio para exoplanetas

Transita

Los exoplanetas están muy lejos y son difíciles de encontrar. Son más oscuros y más pequeños que las estrellas. Pero hay formas de encontrarlos. Una forma es el método de tránsito. Un exoplaneta puede pasar entre su estrella y un telescopio. Cuando lo hace, el exoplaneta bloquea parte de la luz de la estrella. Los telescopios pueden detectar este cambio en la luz. La cantidad de luz que está bloqueada le dice a los científicos el tamaño del exoplaneta.

LA BÚSQUEDA DE EXOPLANETAS

2007
Los astrónomos usan el Spitzer para mapear un exoplaneta.

1992
Los científicos anuncian el descubrimiento de los dos primeros exoplanetas.

1990

1995
Los astrónomos descubren el primer exoplaneta alrededor de una estrella similar al Sol.

2001
Los científicos usan el Hubble para estudiar la atmósfera de **un exoplaneta**.

2014

Los astrónomos descubren el primer exoplaneta del tamaño de la Tierra que podría sustentar vida.

2020

2017

NASA descubre un nuevo sistema solar. Está a unos 40 años luz de la Tierra.

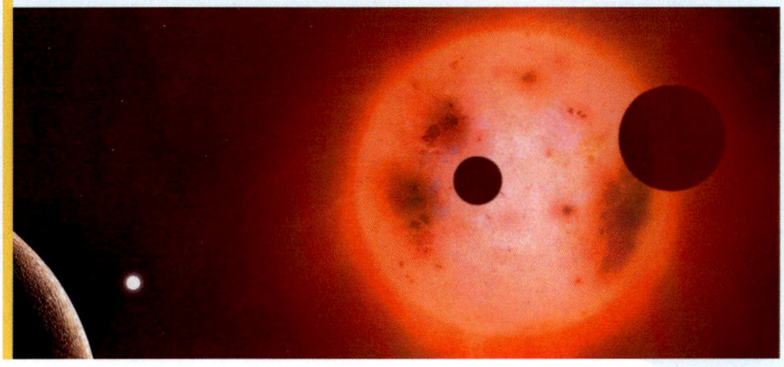

2018

El telescopio espacial James Webb entra al espacio.

(Plan de lanzamiento a partir de enero de 2018).

¿Vida en otros planetas?

Los primeros exoplanetas descubiertos por los científicos no pueden sustentar la vida. Algunos son demasiado calientes. Otros están hechos de gas. Entonces los científicos descubrieron el Kepler-186f. Los científicos no saben si puede tener vida. Pero es el primer exoplaneta descubierto que podría tenerla. Desde entonces, los científicos han encontrado otros planetas que podrían sustentar la vida.

El Kepler-186 orbita una enana roja. La luz de la estrella es roja anaranjada.

¿QUÉ NECESITA UN PLANETA PARA SUSTENTAR LA VIDA?

Para tener vida, los científicos creen que un planeta debe tener estas características.

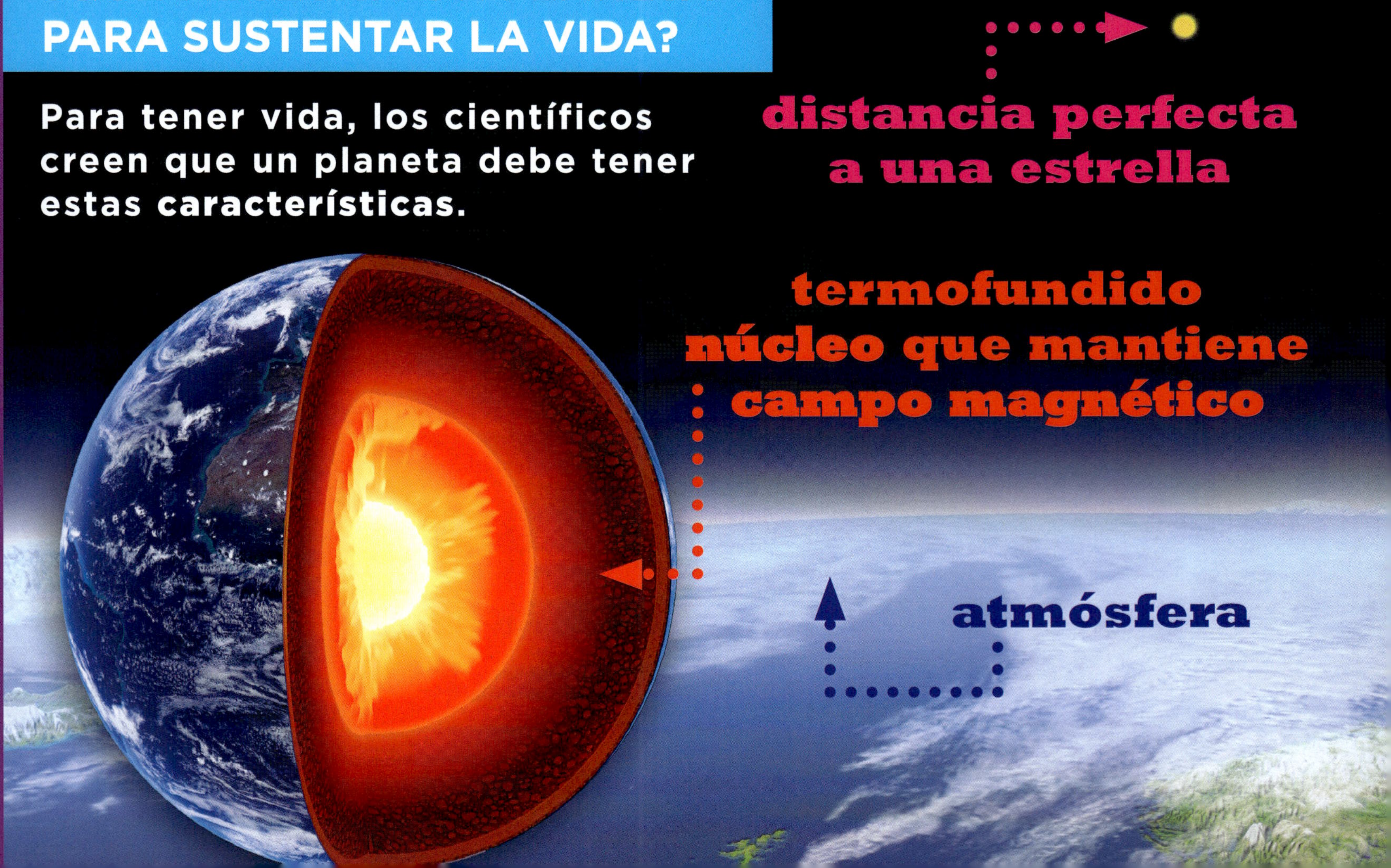

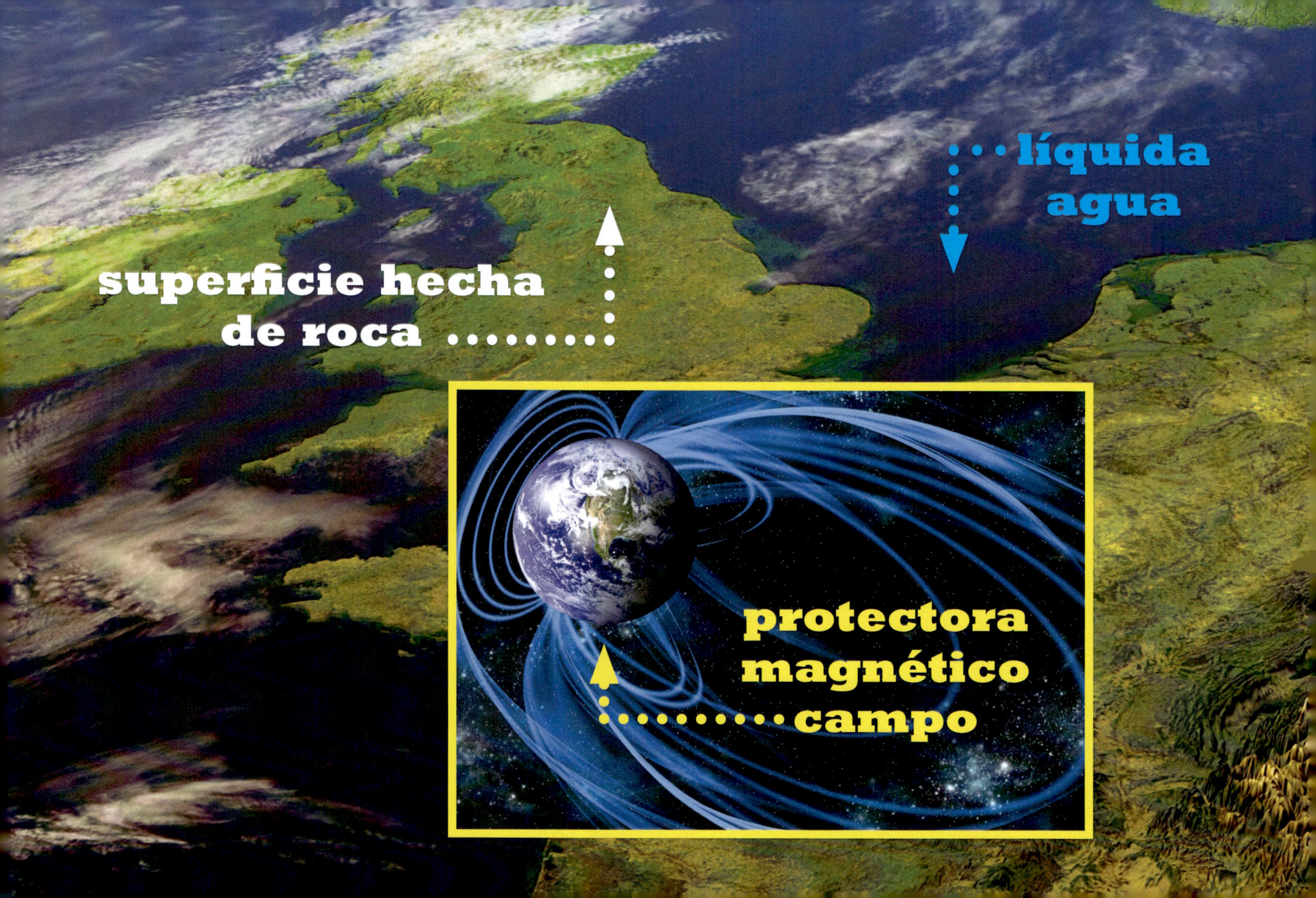

líquida
agua
superficie hecha
de roca
protectora
magnético
campo

Un año luz es para medir distancias. Es la distancia a la que viaja la luz en un año. Un año luz es aproximadamente 5.9 trillones de millas (9.5 trillones de kilómetros).

Un nuevo sistema planetario

En 2017, los astrónomos encontraron un nuevo sistema solar. Tiene siete planetas. Giran en torno a la estrella TRAPPIST-1. Está a unos 40 años luz de la Tierra. Cada uno de sus planetas tiene aproximadamente el tamaño de la Tierra. Tres están a la distancia correcta de la estrella para tener agua líquida. Probablemente también sean rocosos. ¿Podrían albergar vida?

CAPÍTULO 3

El futuro en el ESPACIO

Los científicos seguirán estudiando a los exoplanetas. El telescopio James Webb será una herramienta útil. El telescopio de rastreo de infrarrojos de campo amplio también lo será. Se espera que ingrese al espacio en la década de 2020. El poderoso telescopio continuará la búsqueda de nuevos planetas.

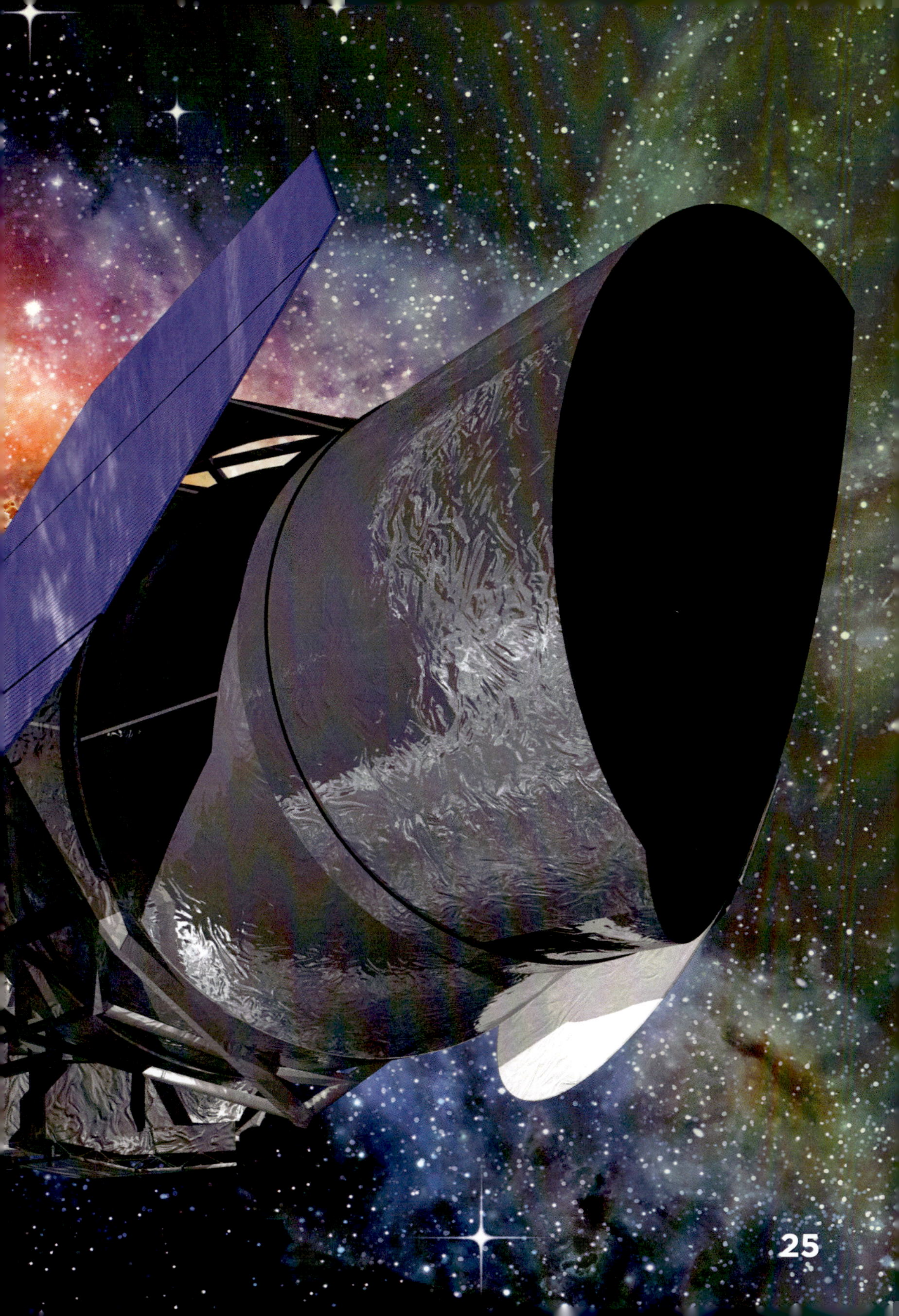

TELESCOPIOS JAMES Y DE RASTREO DE INFRARROJOS DE CAMPO AMPLIO

Objetivos de la misión

Telescopio espacial James Webb
El estudio de la historia del **universo** y la formación de otros sistemas solares.

Telescopio de rastreo de infrarrojos de campo amplio
Descubrir exoplanetas e investigar la energía oscura.

Telescopio espacial James Webb

diámetro del espejo principal
21.6 pies
(7 m)

DISTANCIA DE LA TIERRA

Telescopio espacial James Webb
aproximadamente 1 millón de millas
(1,609,344 km)

Telescopio de rastreo de infrarrojos de campo amplio
aproximadamente 1 millón de millas
(1,609,344 km)

Llegar a las estrellas

Los científicos esperan enviar naves espaciales a exoplanetas. Los viajes tomarán varios años. La nueva nave espacial debe ser veloz y resistente. Su **combustible** debe durar largo tiempo también.

Cada misión aportará nuevos conocimientos. ¡Tal vez una descubra signos de vida!

Una nave espacial tomó aproximadamente 36 años solo para salir del sistema solar de la Tierra.

astrónomo – un experto en la ciencia de los cuerpos celestes y de sus tamaños, movimientos y composición

atmósfera – los gases que rodean a un planeta

campo magnético – un área donde las propiedades magnéticas de un objeto afectan a los objetos vecinos

combustible – un material, como carbón, petróleo o gas, que se quema para producir calor o energía

gravedad – la fuerza natural que atrae objetos físicos entre sí

núcleo – la parte central de un planeta u otro cuerpo

órbita — la trayectoria de un cuerpo que gira alrededor de otro cuerpo

rasgo – una característica o cualidad

universo – todo del espacio y todo lo que hay en él

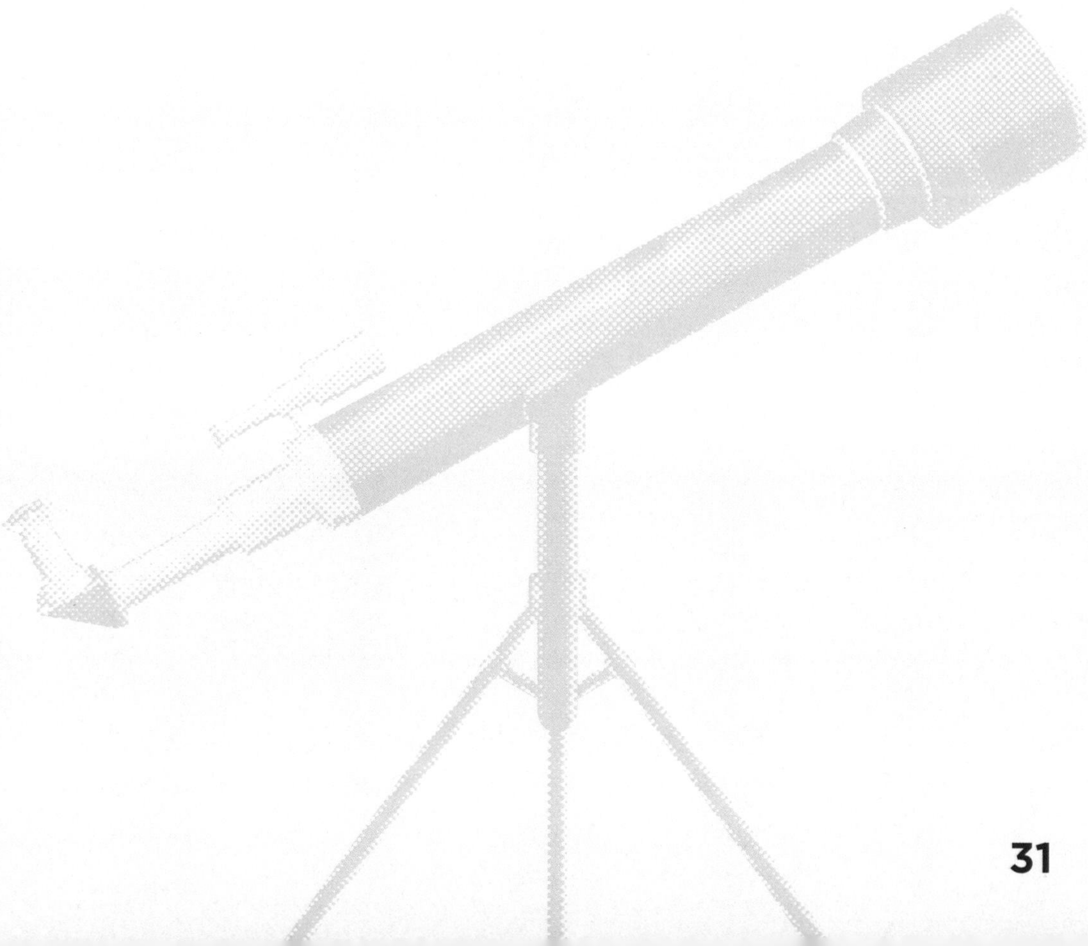

ÍNDICE